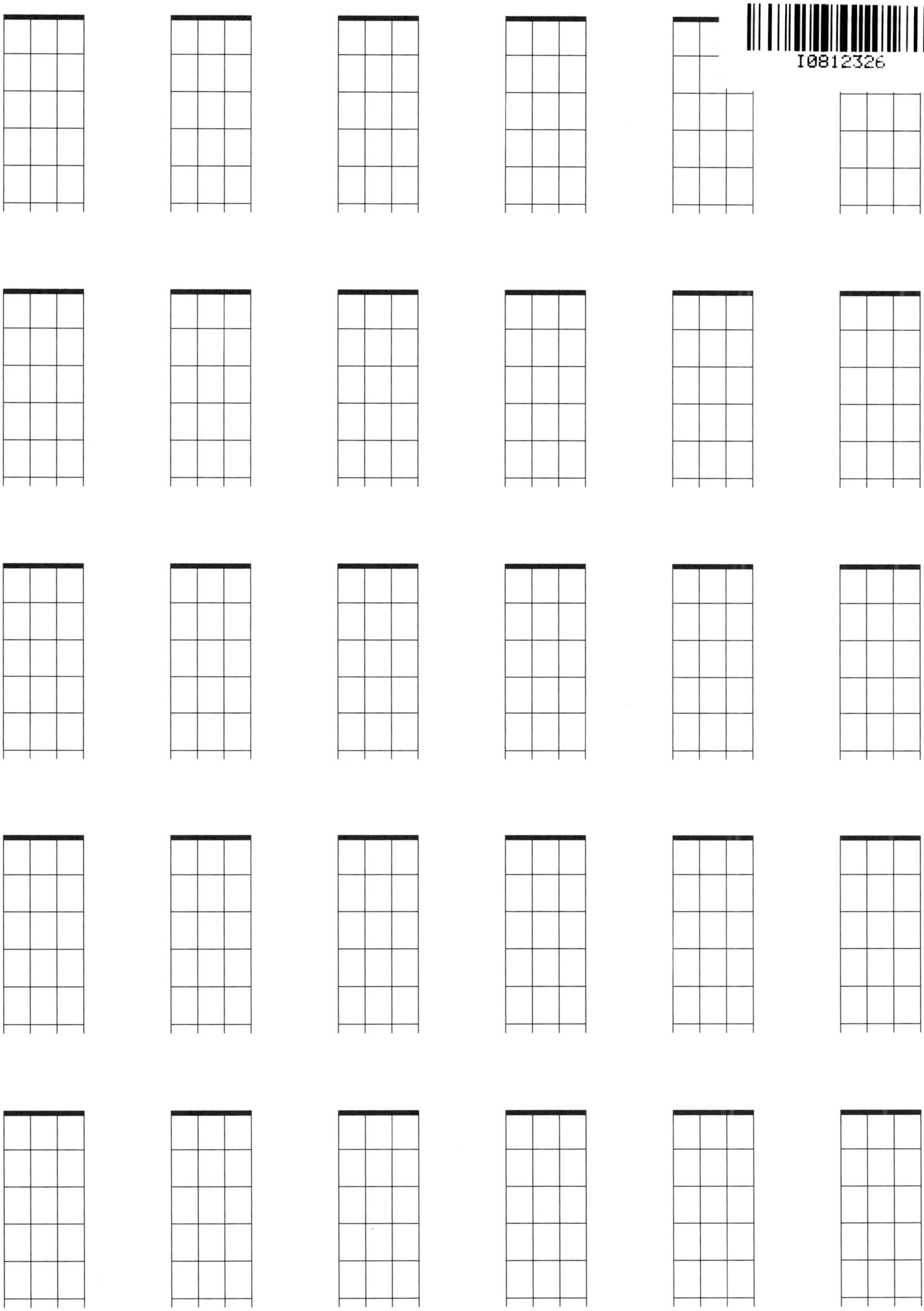

MEL BAY PUBLICATIONS, INC.

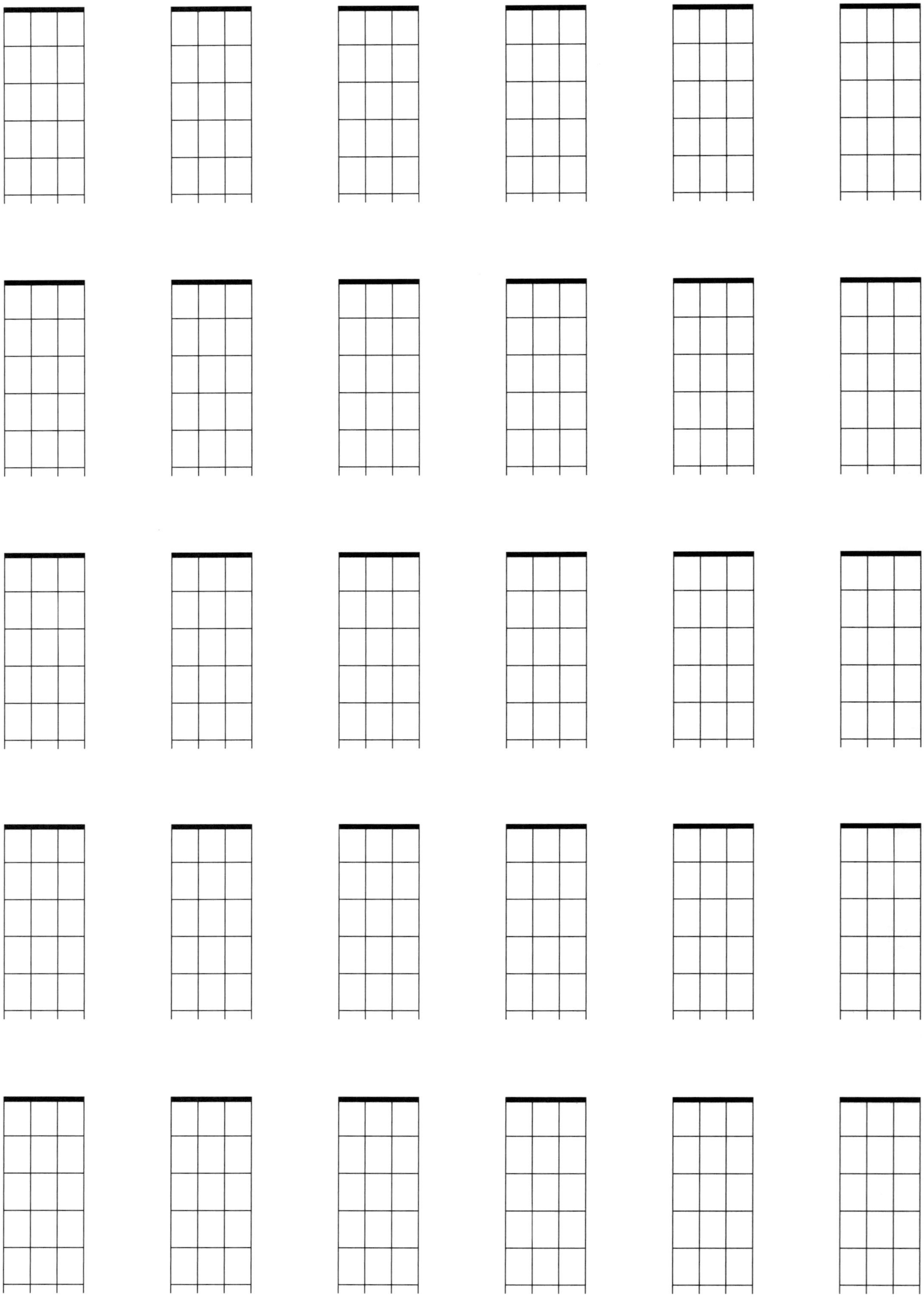

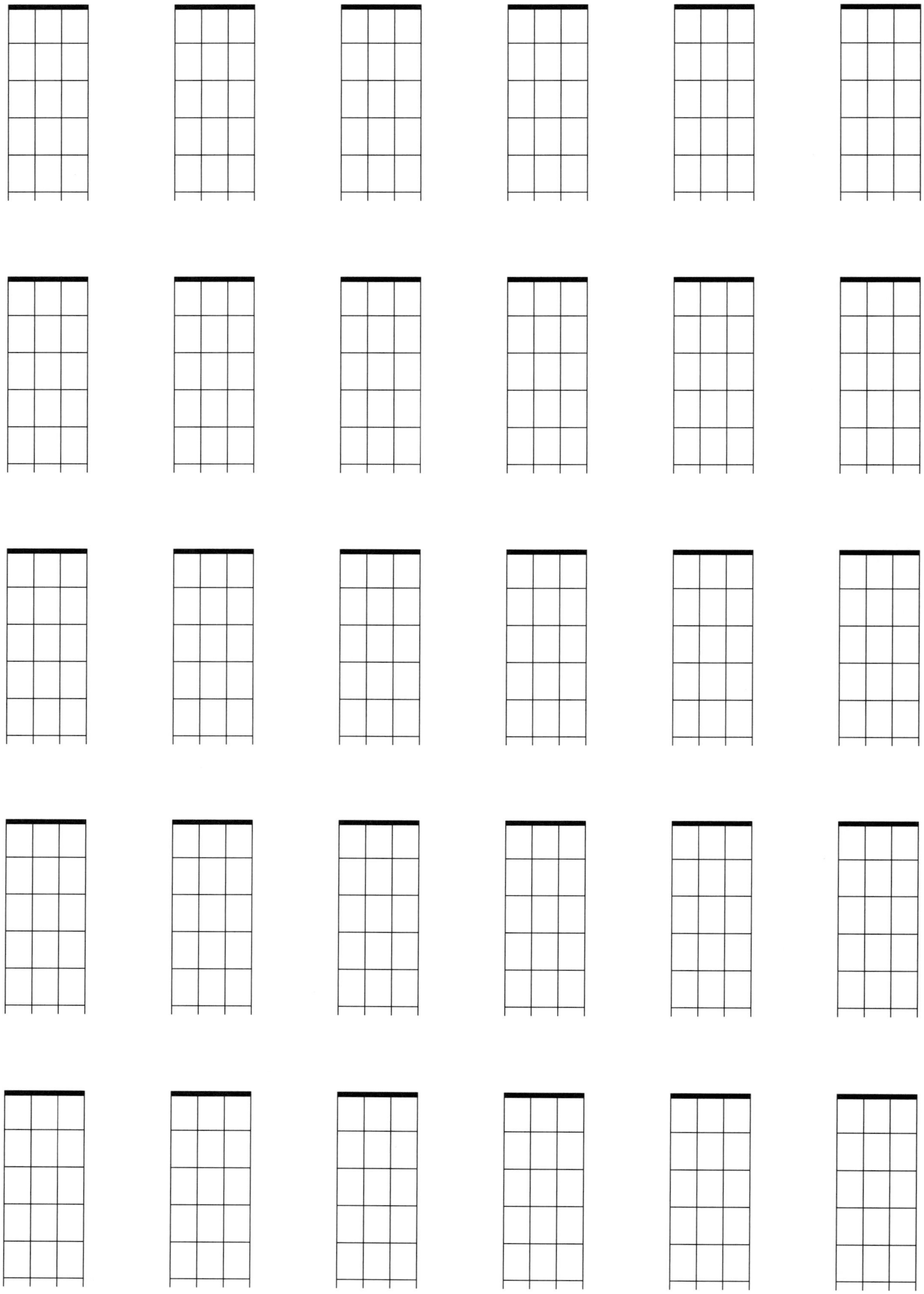

MEL BAY PUBLICATIONS, INC.

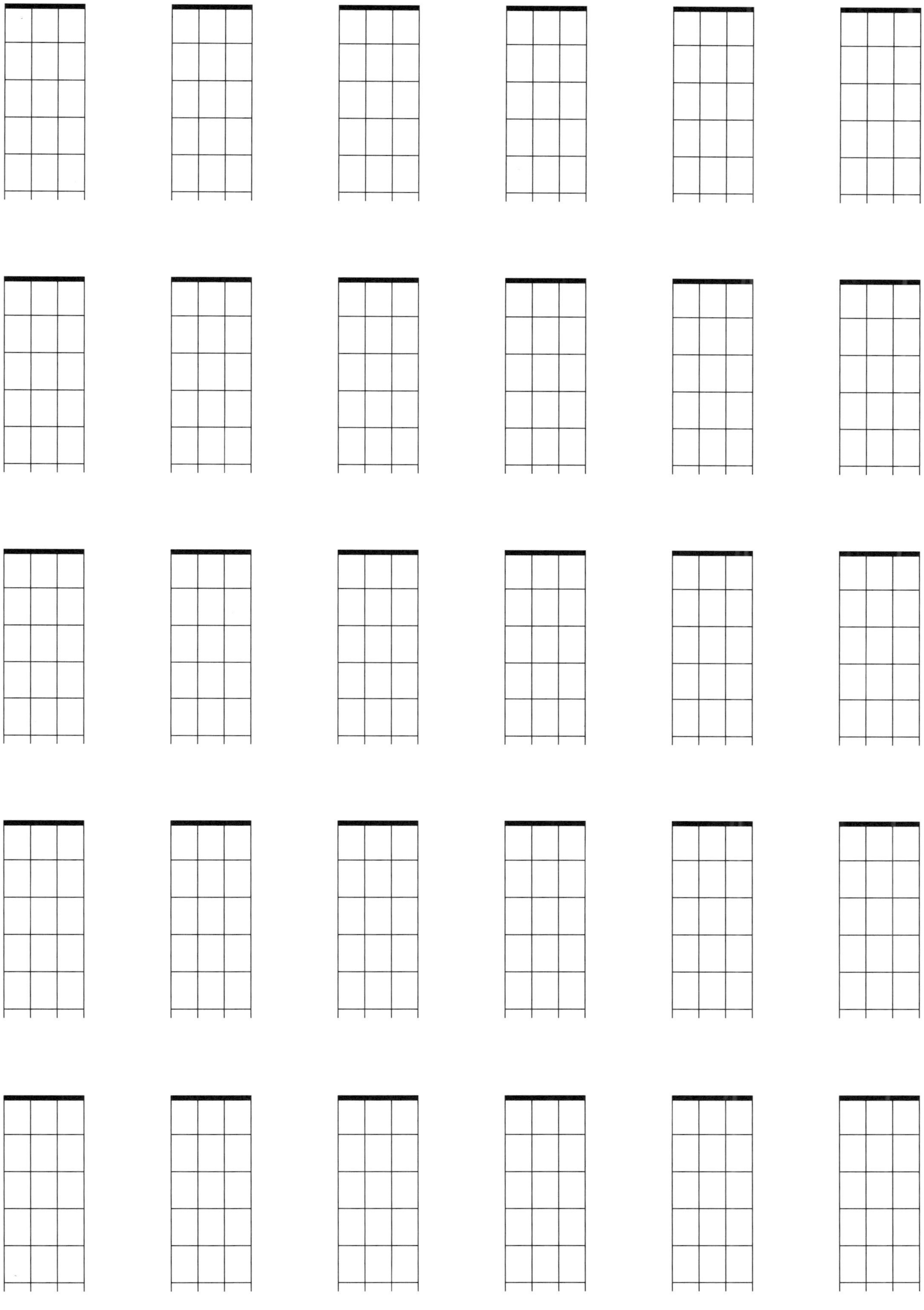

MEL BAY PUBLICATIONS, INC.

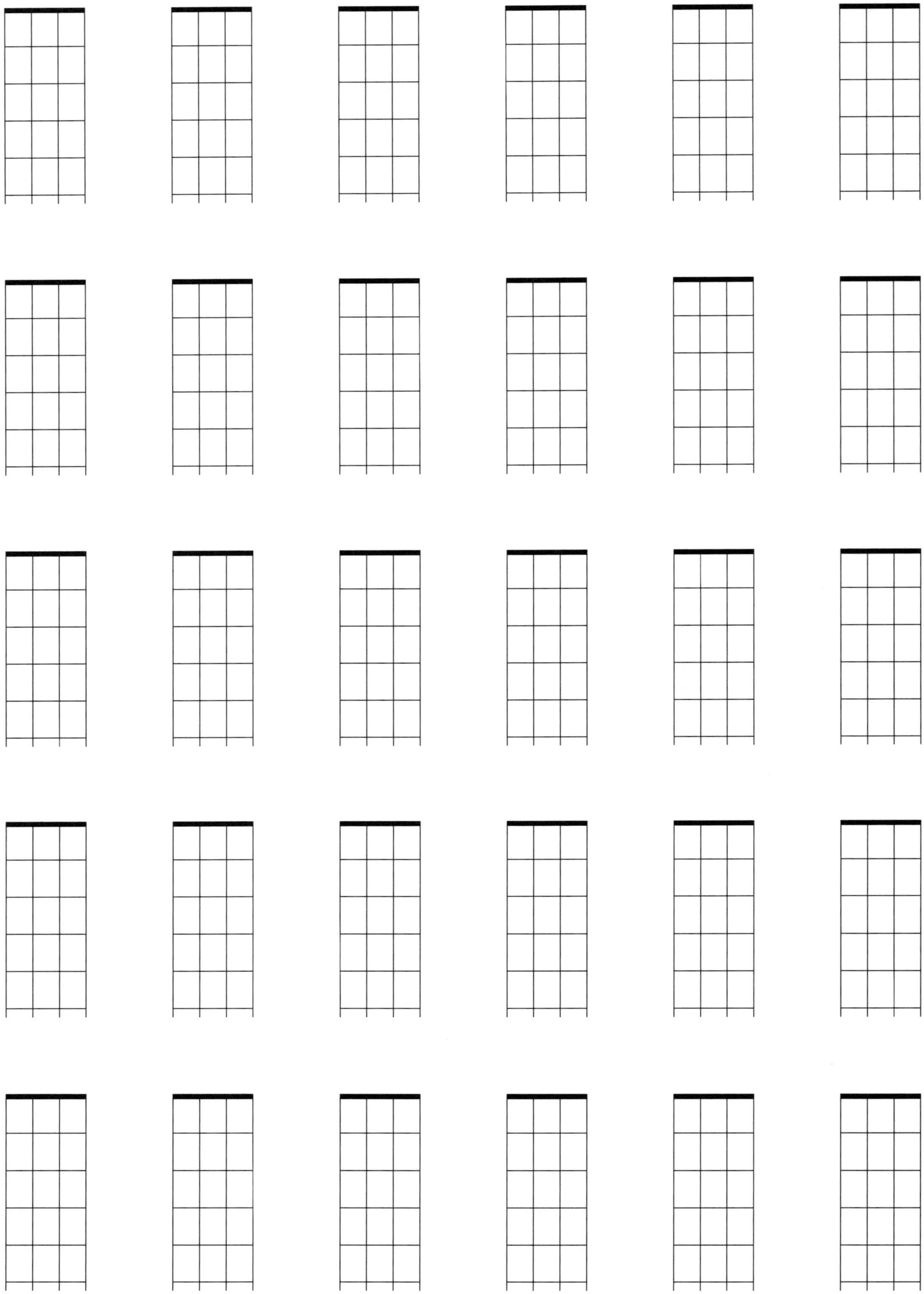

MEL BAY PUBLICATIONS, INC.

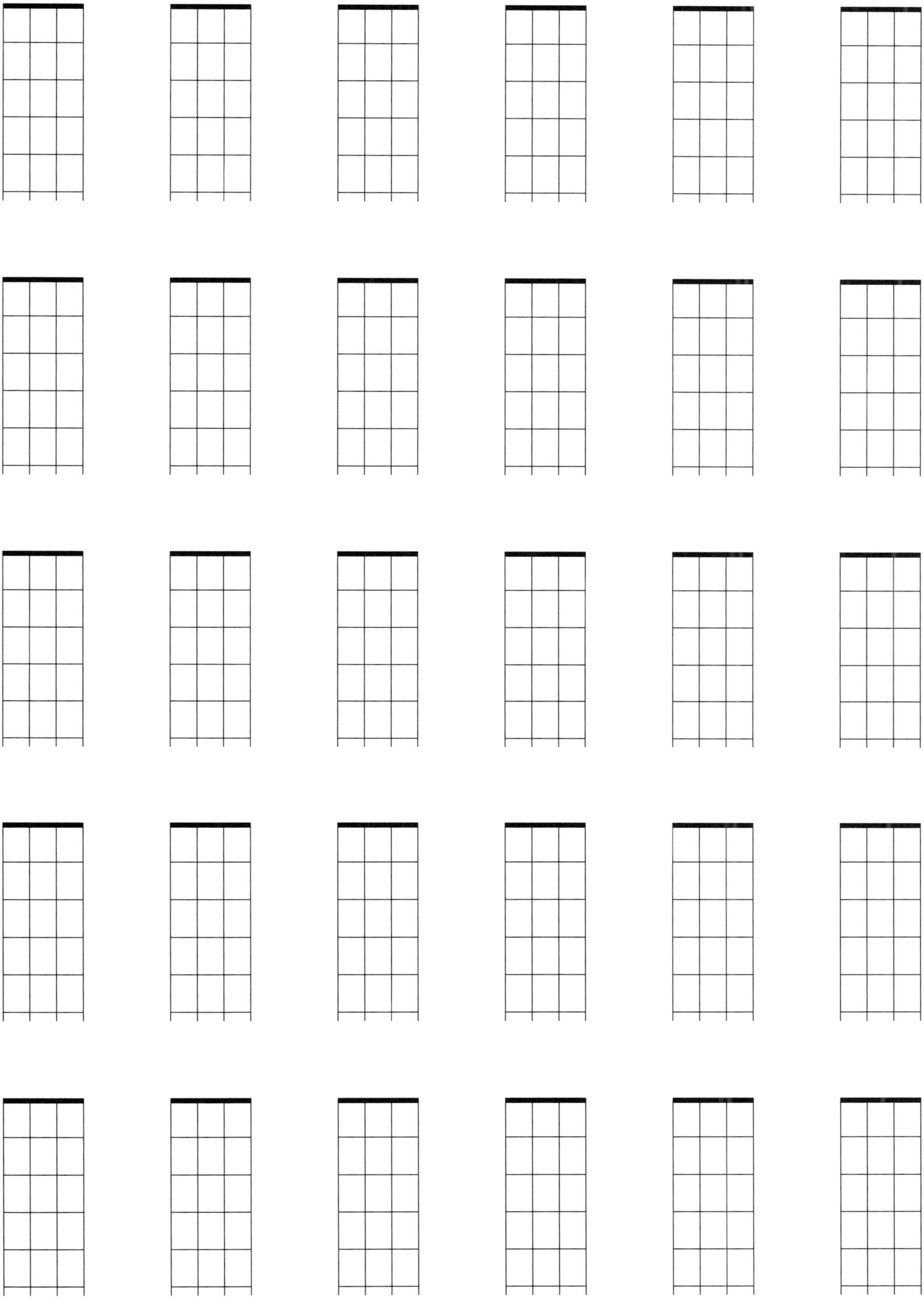

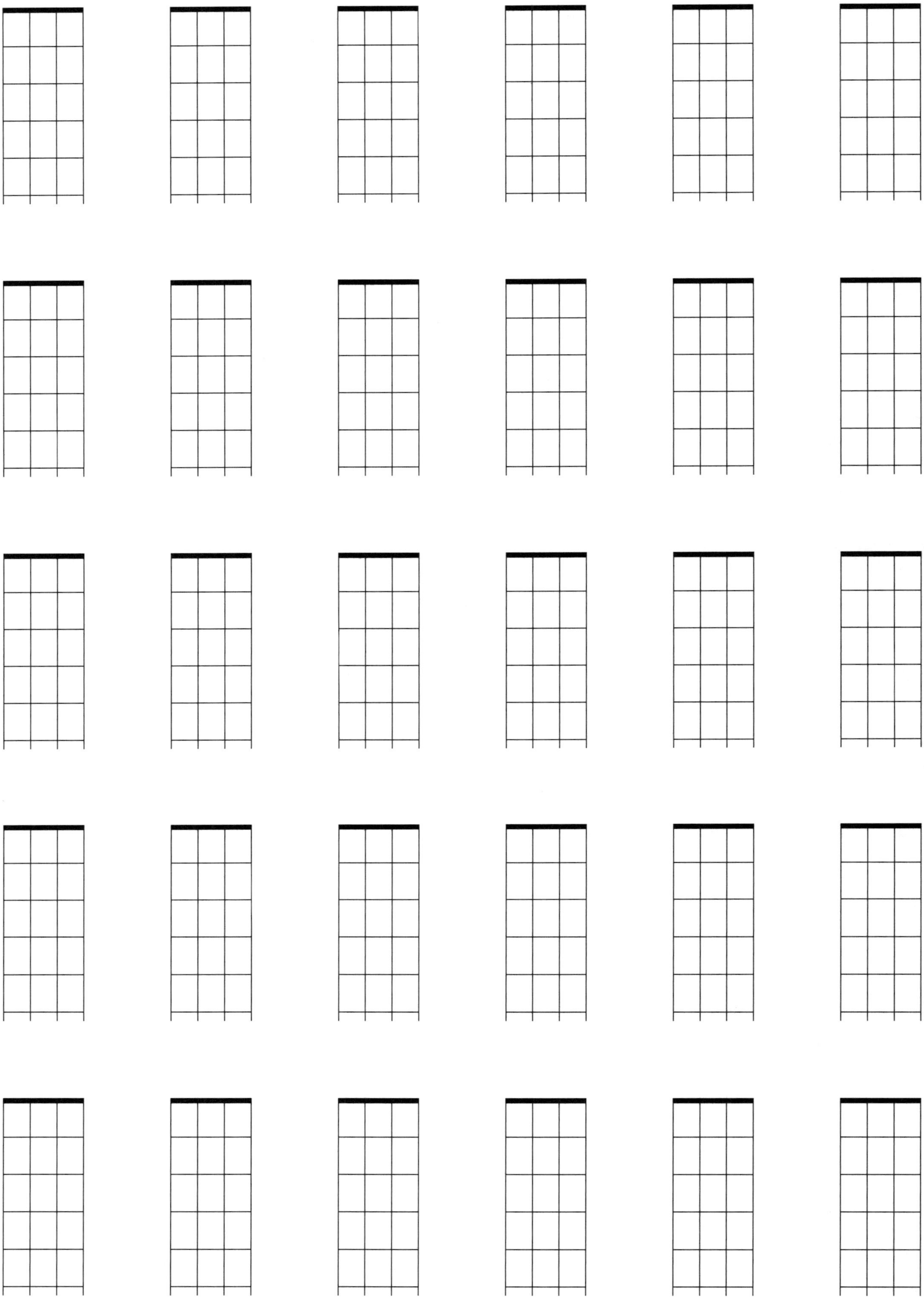

MEL BAY PUBLICATIONS, INC.

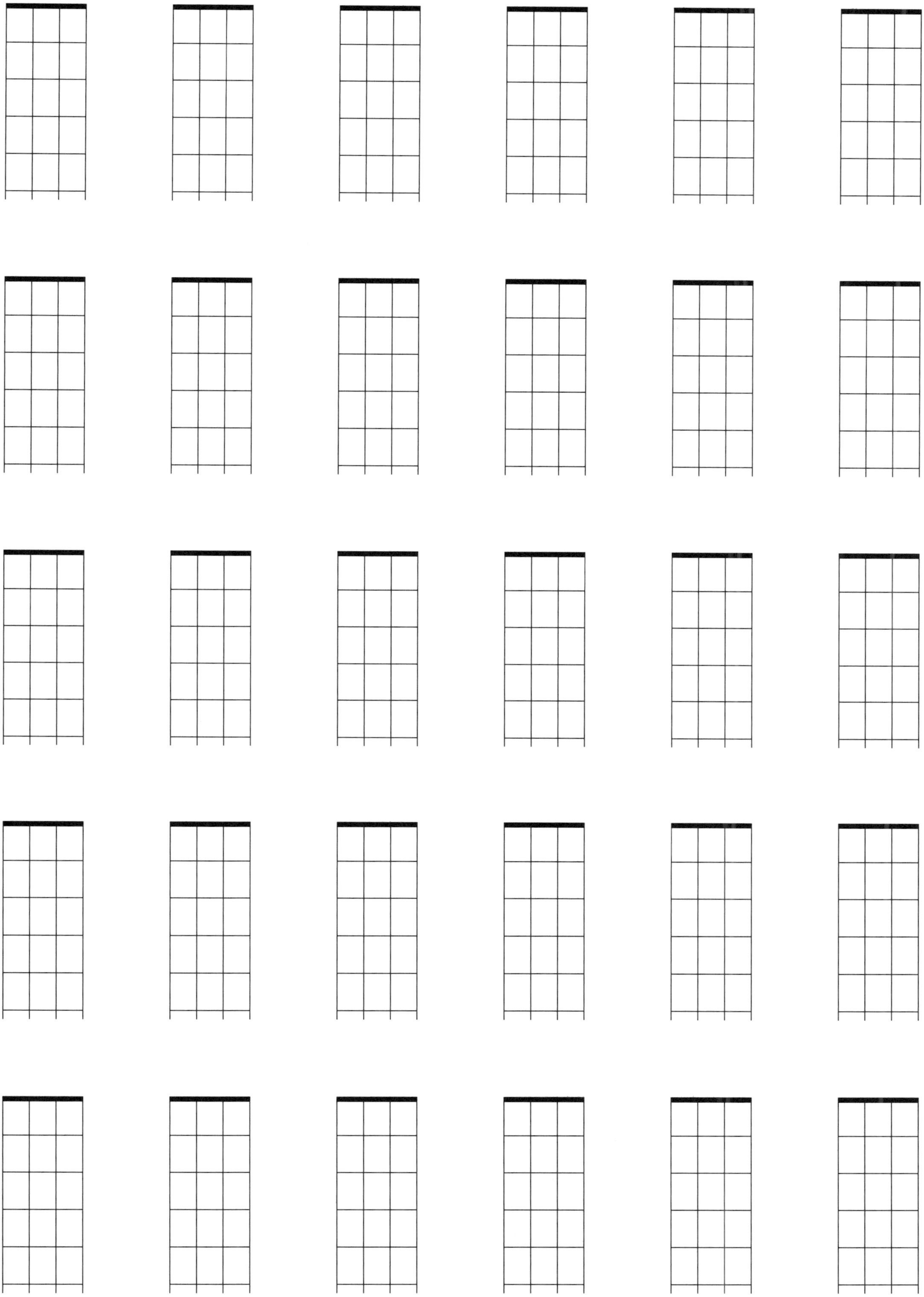

MEL BAY PUBLICATIONS, INC.

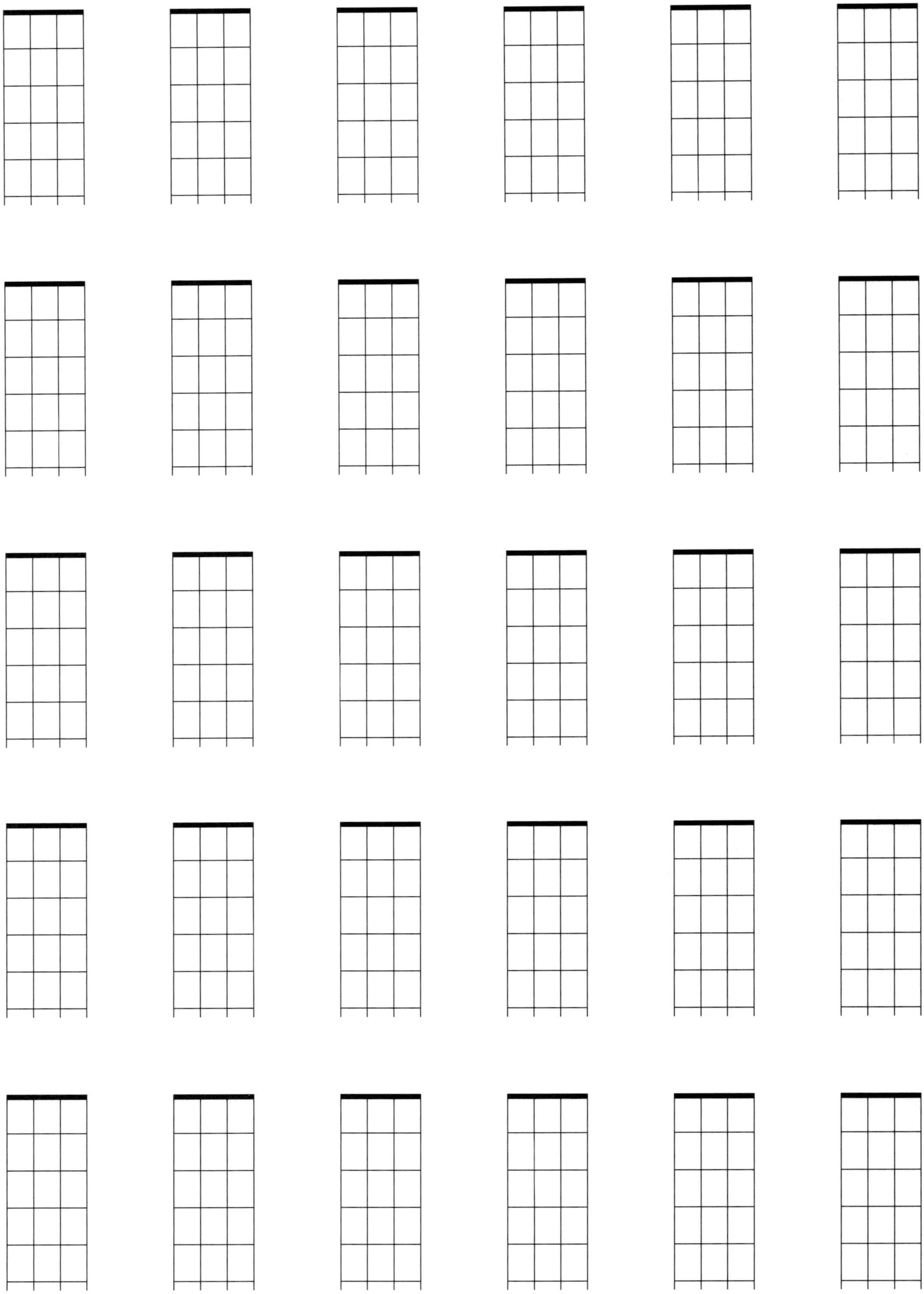

MEL BAY PUBLICATIONS, INC.

MEL BAY PUBLICATIONS, INC.

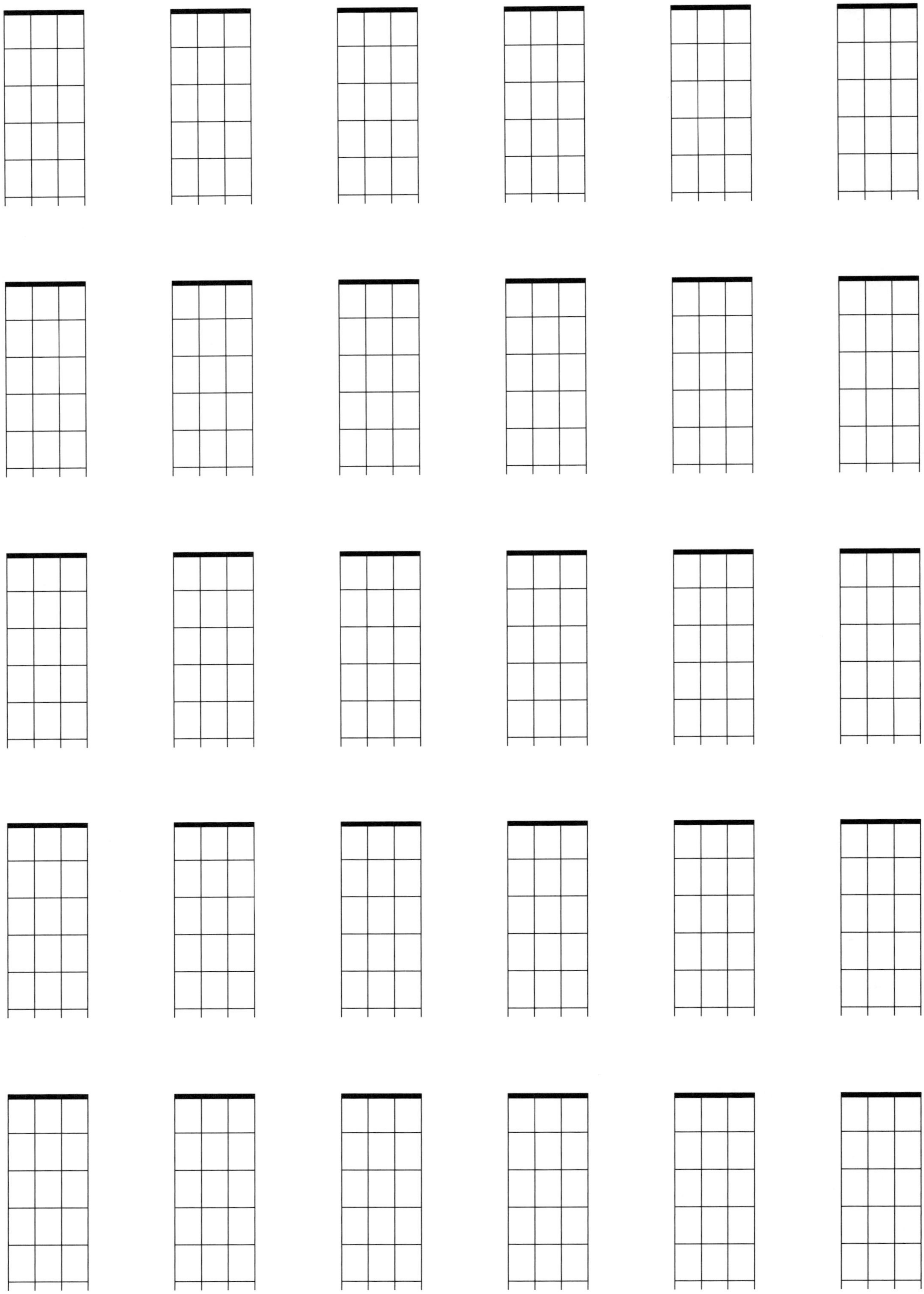

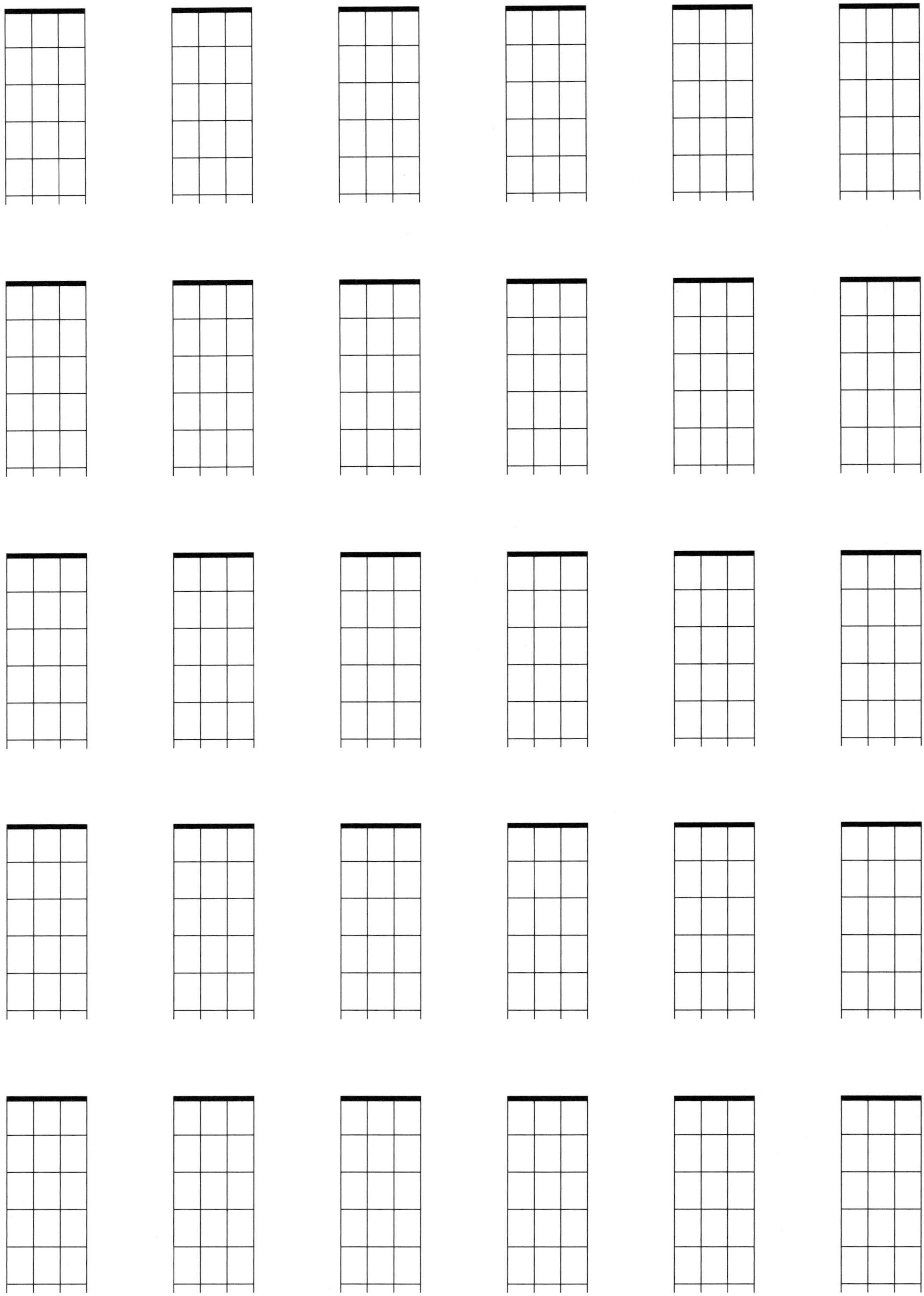

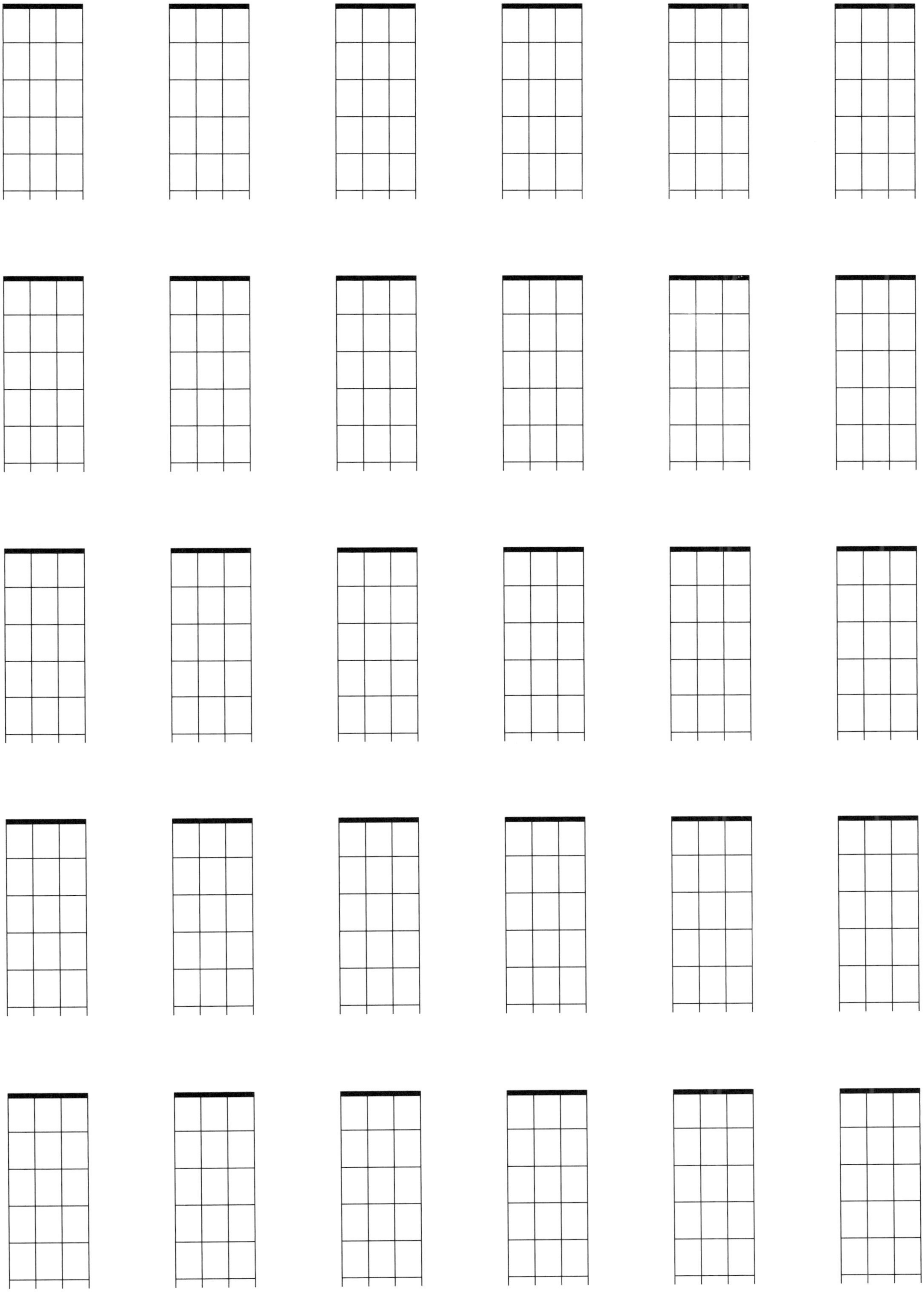

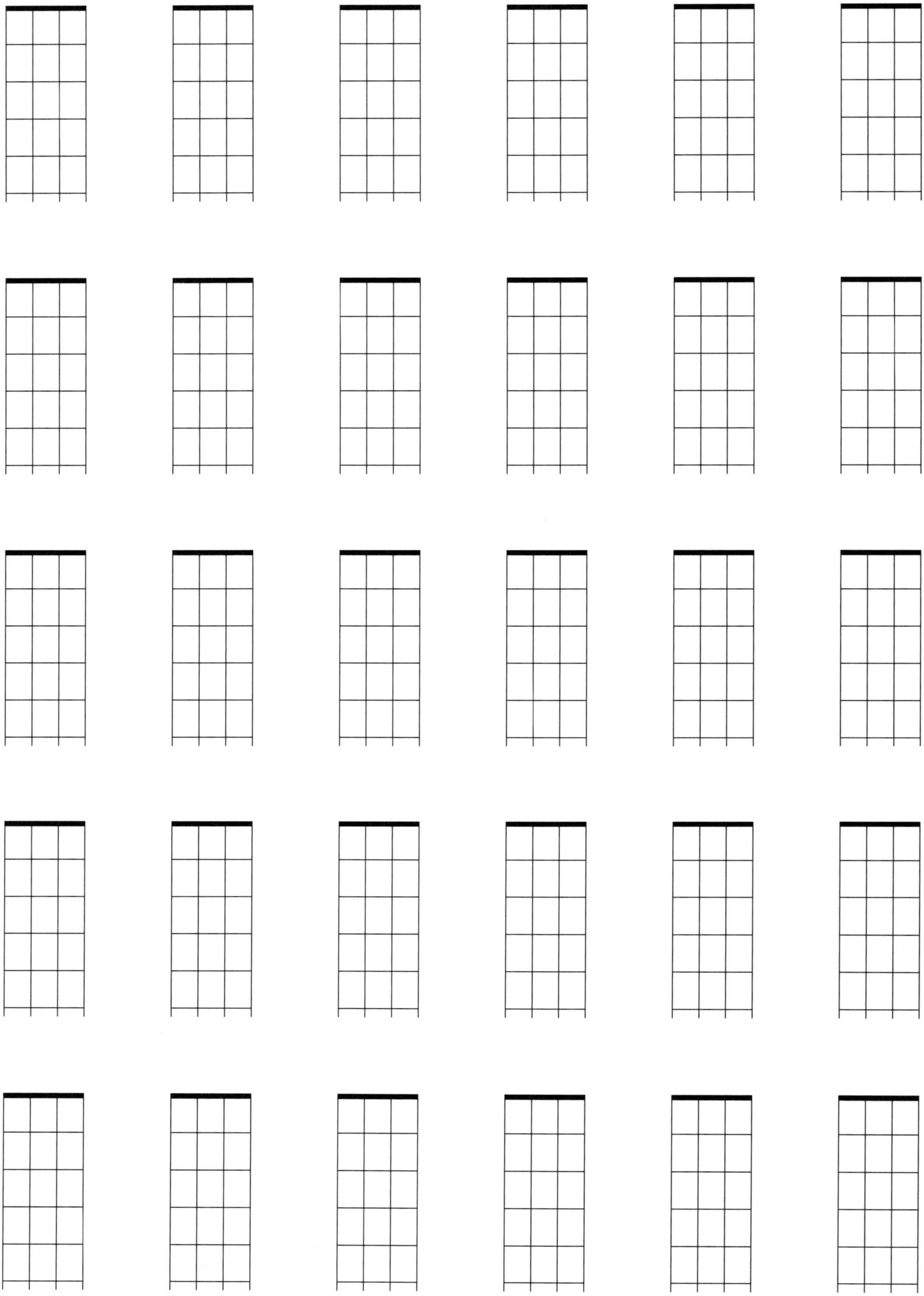

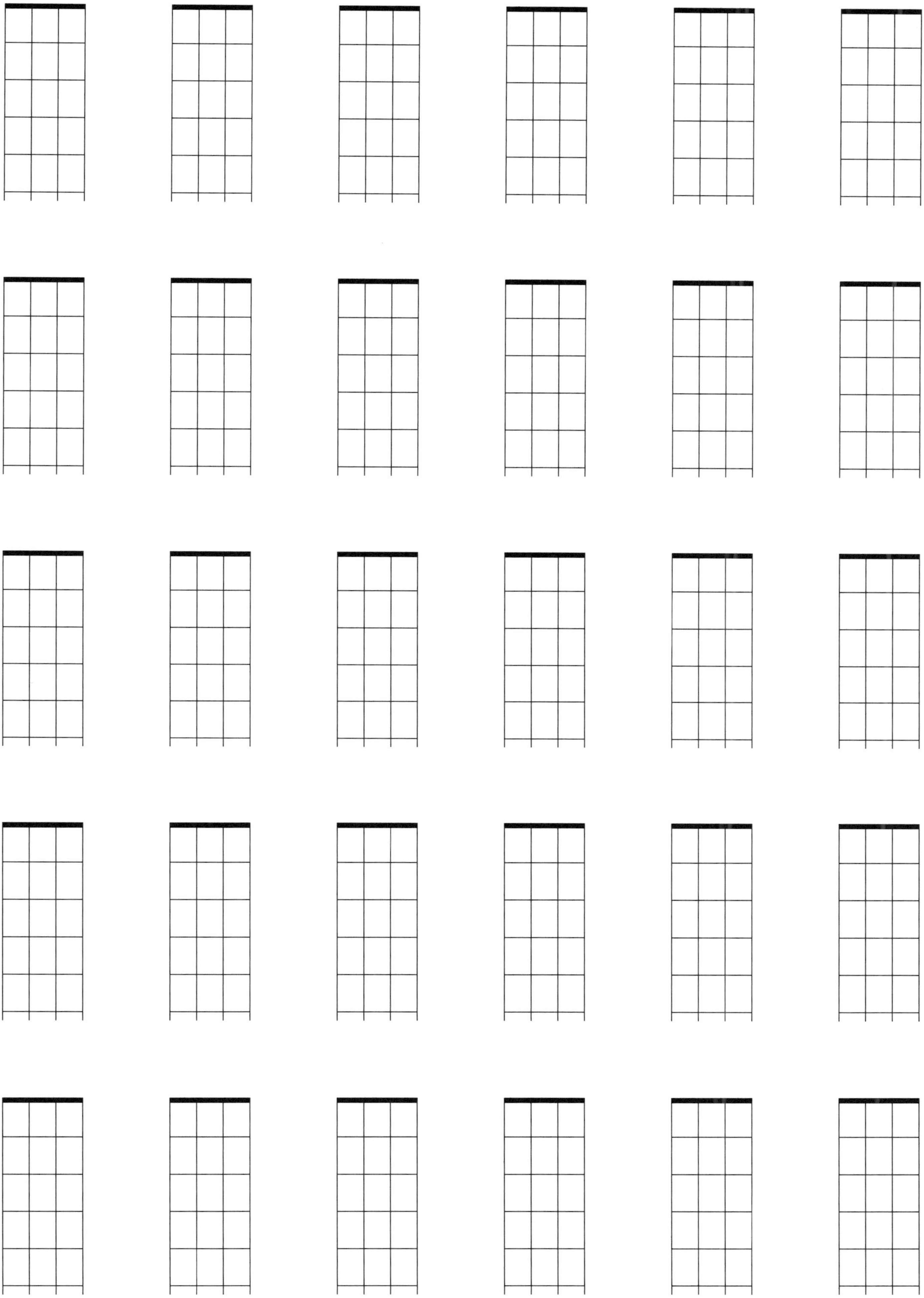

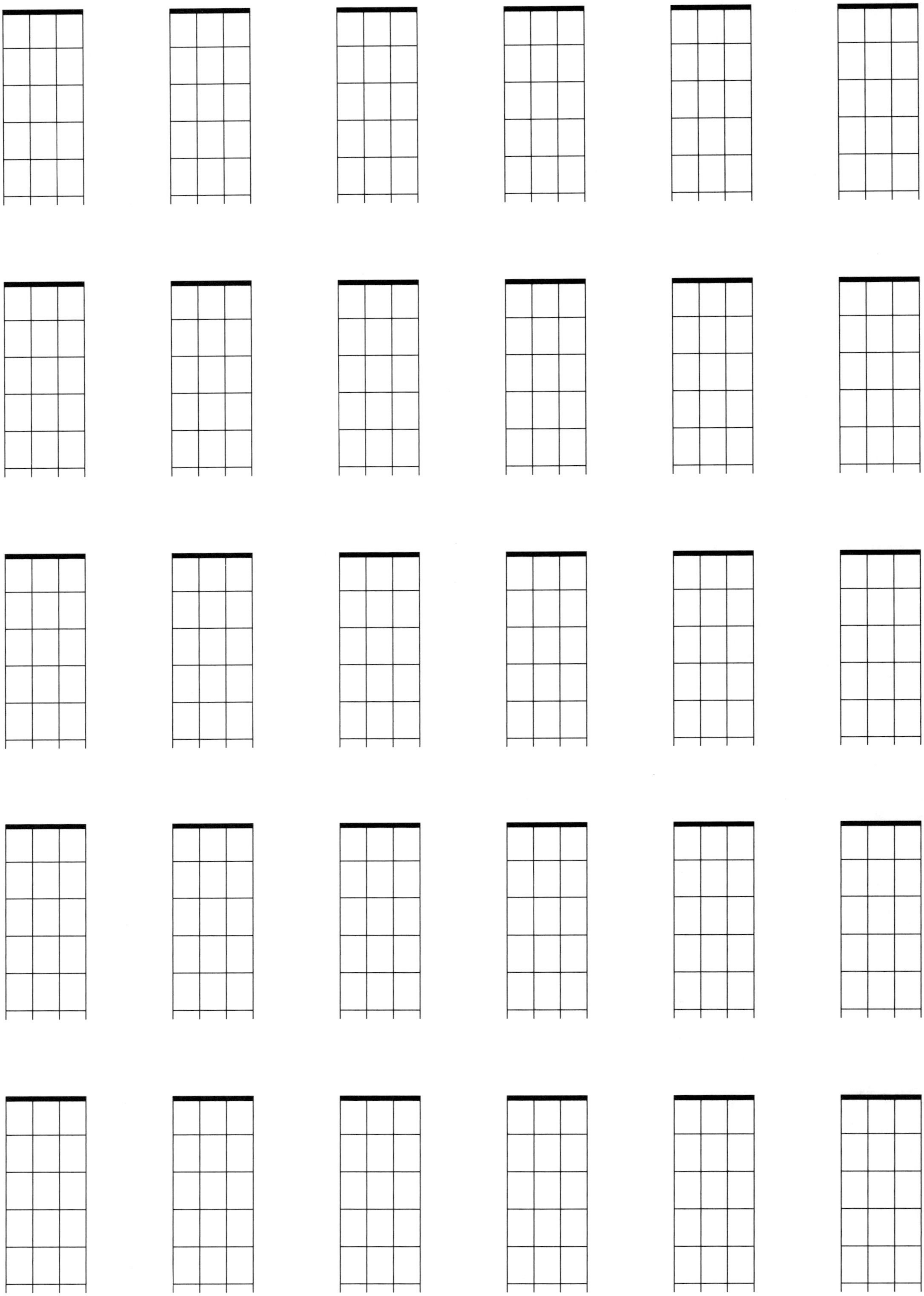

MEL BAY PUBLICATIONS, INC.

MEL BAY PUBLICATIONS, INC.

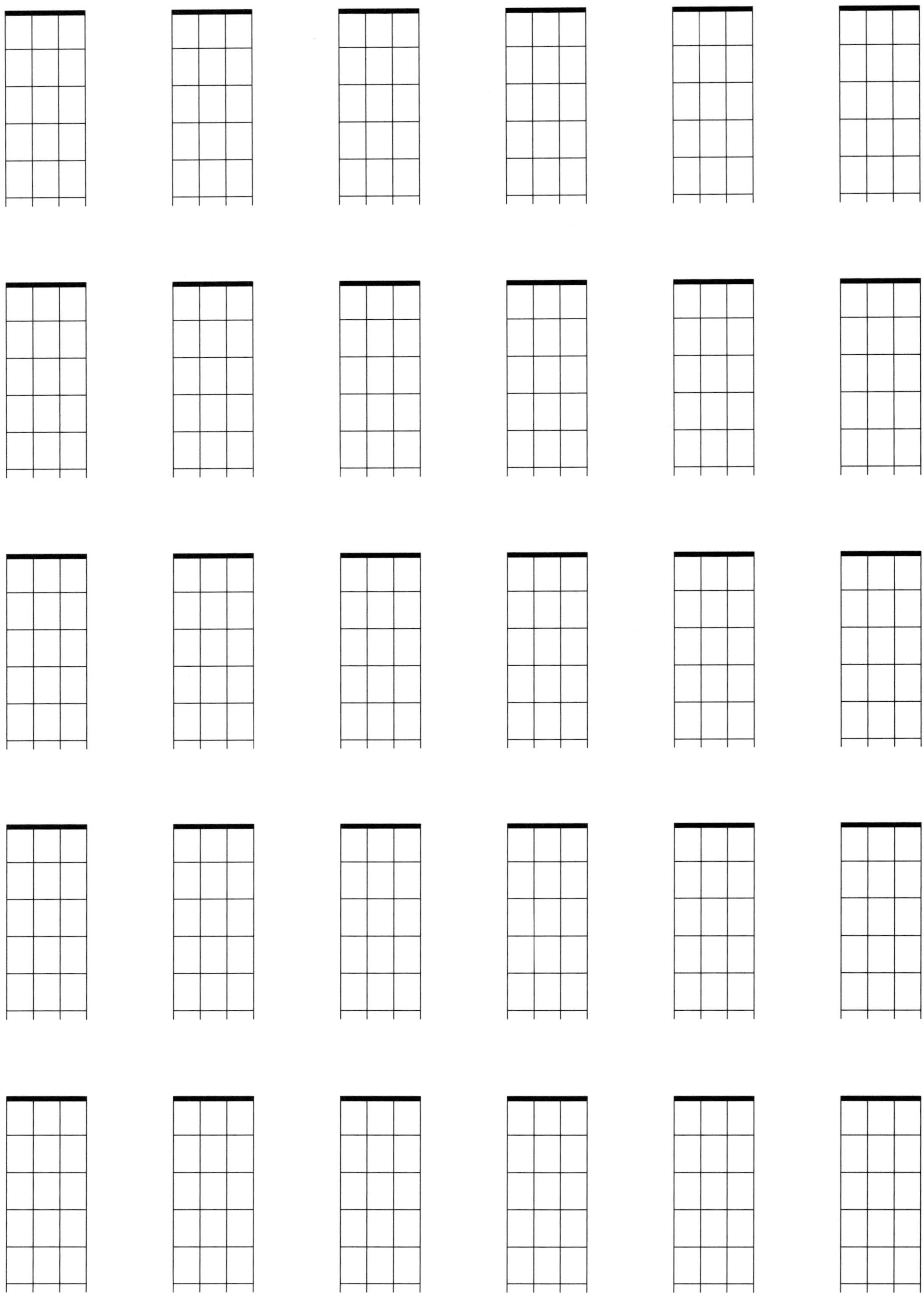

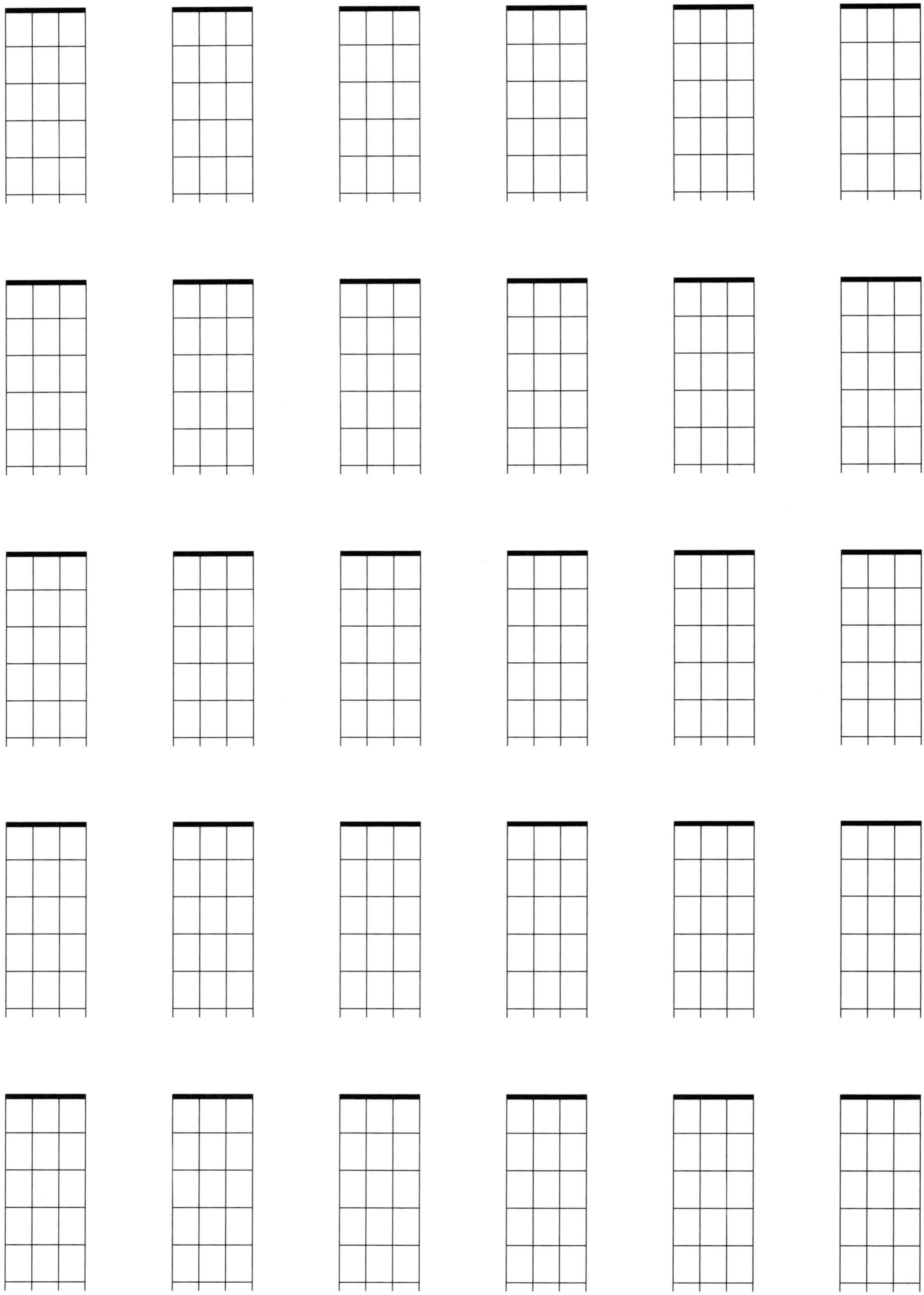

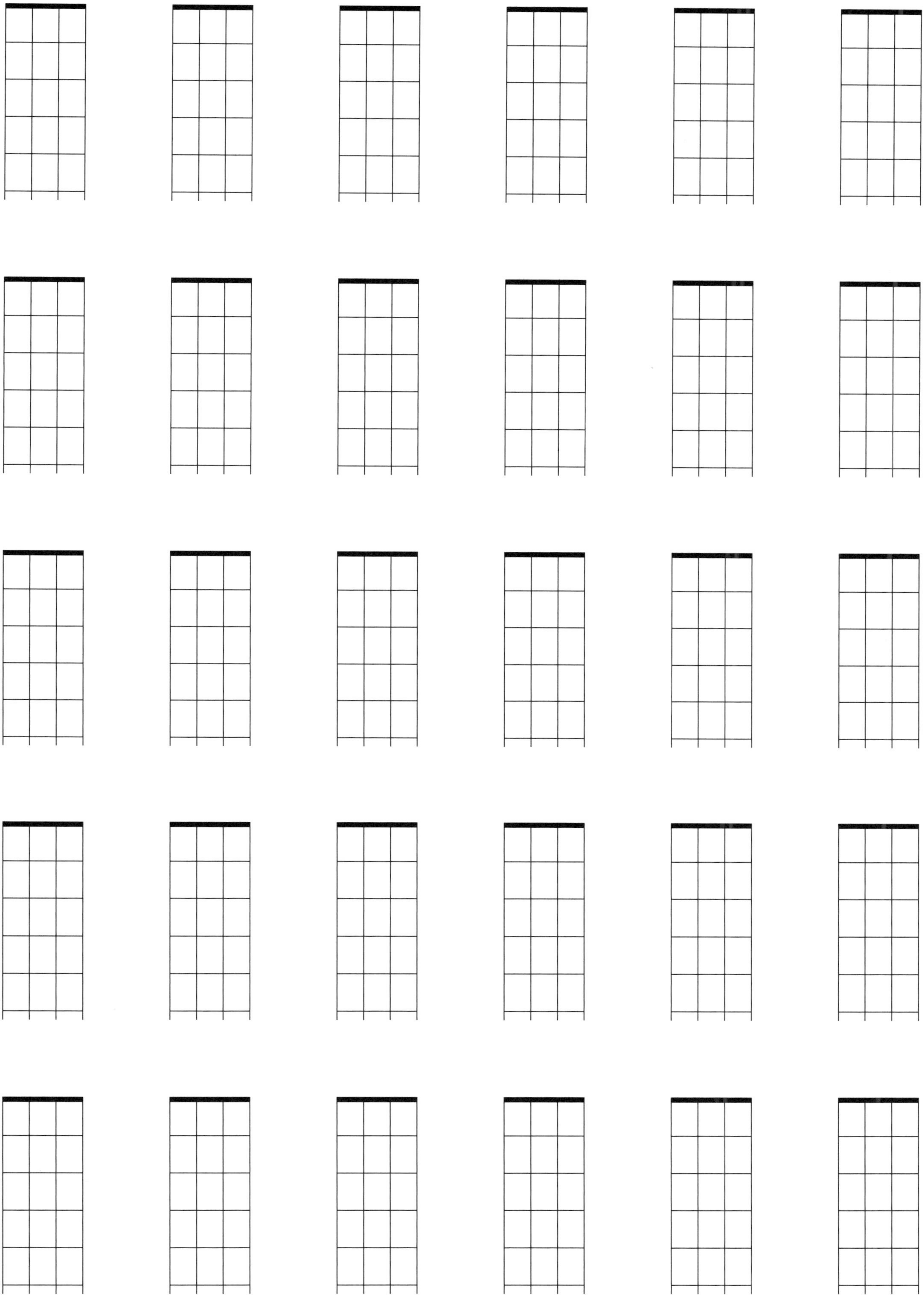

MEL BAY PUBLICATIONS, INC.

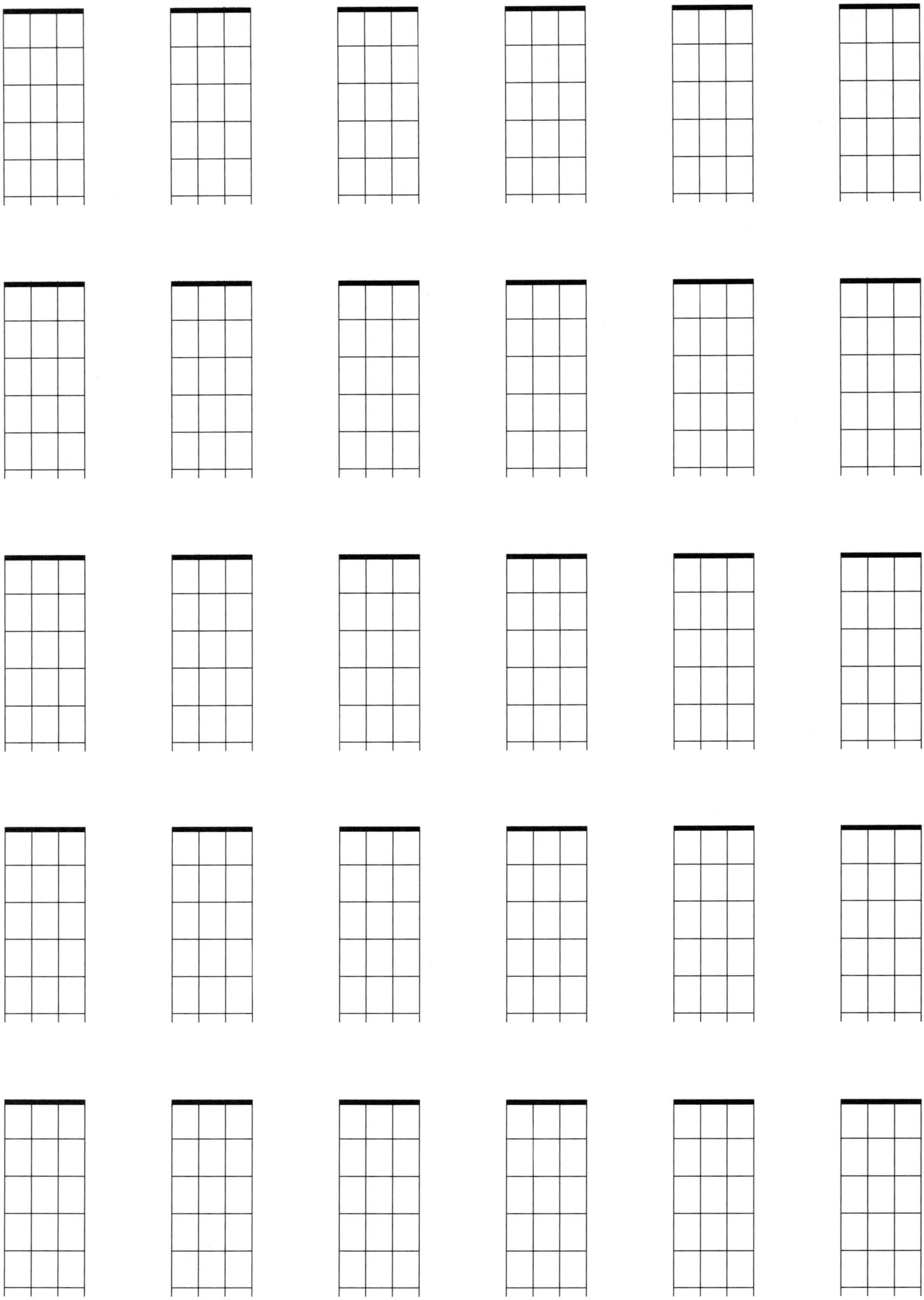

MEL BAY PUBLICATIONS, INC.